U0101722

寶坻縣

本府儒學齋夫二名，工食共銀二十四兩。

本縣吏書十二名，工食共銀一百二十九兩六錢，今裁。

皂隸十六名，工食共銀一百一十五兩二錢，裁銀一十九兩二錢。

門子二名，工食共銀一十四兩四錢，裁銀二兩四錢。

民壯五十名，工食共銀三百六十兩，裁銀六十兩。

典史書辦一名，工食銀七兩二錢，裁銀一兩二錢，今裁。

門子一名，工食銀七兩二錢，裁銀一兩二錢。

皂隸四名，工食共銀二十八兩八錢，裁銀四兩八錢。

馬夫一名，工食銀七兩二錢，裁銀一兩二錢。

儒學書辦一名，工食銀七兩二錢，今裁。

齋夫六名，工食共銀七十二兩，奉裁三名，裁銀三十六兩。

門斗五名，工食共銀三十六兩，奉裁二名，裁

銀一十四兩四錢。
膳夫二名，工食共銀四十兩，裁銀二十六兩六錢六分零。
喂馬草料，共銀二十四兩，裁銀一十二兩，全裁。
蘆臺巡檢書辦一名，工食銀七兩二錢，今裁。
皂隸二名，工食共銀一十四兩四錢，裁銀二兩四錢。
弓兵八名，工食共銀五十七兩六錢，裁銀九兩六錢。

馬快八名，工食共銀五十七兩六錢，裁銀九兩六錢。
喂馬草料共銀八十六兩四錢。
燈夫四名，工食共銀二十八兩八錢，裁銀四兩八錢。
轎傘扇夫七名，工食共銀五十兩四錢，裁銀八兩四錢。
禁子八名，工食共銀五十七兩六錢，裁銀九兩六錢。
庫書一名，工食銀六兩，今裁。

倉書一名，工食銀六兩，今裁。

庫子四名，工食共銀二十八兩八錢，裁銀四兩八錢。

斗級四名，工食共銀二十八兩八錢，裁銀四兩八錢。

主薄書辦一名，工食銀七兩二錢，今裁。

門子一名，工食銀七兩二錢，裁銀一兩二錢。

皂隸四名，工食共銀二十八兩八錢，裁銀四兩八錢。

馬夫一名，工食銀七兩二錢，裁銀一兩二錢。

察院看守門子二名，工食共銀一十二兩。

方澤壇壇户五名，工食共銀三十兩。

神樂觀觀夫二名，工食共銀一十二兩。

帝王廟廟户一名，工食銀六兩。

通州工部挑挖河夫銀一百一十九兩。

新閘閘夫一名，工食銀一十二兩。

慶豐閘閘夫五名，工食共銀六十兩。

廣源閘閘夫二名，工食共銀一十兩，全裁。

河西務堤夫一百三十名，工食共銀九百三十六兩。

走遞馬匹草料、喂馬夫、車夫等銀共伍百兩，除裁，實支銀一百六十六兩六錢六分零。

擡轎夫工食共銀一百四十兩，除裁，實支銀四十六兩六錢六分柒厘。

接遞皂隸十名，工食共銀六十兩，除裁，實支銀四十兩，全裁。

鋪兵十名，工食共銀六十兩。

更夫五名，工食共銀二十四兩。

火夫十名，工食共銀四十八兩。

吹手四名，工食共銀二十八兩八錢，裁銀四兩八錢。

鄉試對讀盤費銀三十二兩半，裁銀一十六兩。

會試謄録工食共銀八兩四錢半，裁銀四兩二錢。

涿州

本府儒學膳夫一名，工食銀二十兩，裁銀一十三兩三錢三分三厘肆毫。

本州吏書十二名，工食共銀一百二十九兩六錢，今裁。

門子二名，工食共銀一十四兩四錢，裁銀二兩四錢。

皂隸十六名，工食共銀一百一十五兩二錢，裁銀一十九兩二錢。

馬快八名，工食共銀五十七兩六錢，裁銀九兩六錢。

喂馬草料共銀八十六兩四錢。

民壯五十名，工食共銀三百六十兩，裁銀六十兩。

燈夫四名，工食共銀二十八兩八錢，裁銀四兩八錢。

轎傘扇夫七名，工食共銀五十兩四錢，裁銀八兩四錢。

禁子八名，工食共銀五十七兩六錢，裁銀九兩六錢。

庫書一名，工食銀一十二兩，今裁。

倉書一名，工食銀一十二兩，今裁。

庫子四名，工食共銀二十八兩八錢，裁銀四兩八錢。

斗級四名，工食共銀二十八兩八錢，裁銀四

兩八錢。

州同書辦一名，工食銀七兩二錢，全裁。

皂隸六名，工食共銀四十三兩二錢，全裁。

籠馬傘夫二名，工食共銀一十四兩四錢，全裁。

門子一名，工食銀七兩二錢，全裁。

州判書辦一名，工食銀七兩二錢，今裁。

皂隸六名，工食共銀四十三兩二錢，裁銀七兩二錢。

籠馬傘夫二名，工食共銀一十四兩四錢，裁銀二兩四錢。

門子一名，工食銀七兩二錢，裁銀一兩二錢。

吏目書辦一名，工食銀七兩二錢，今裁。

皂隸四名，工食共銀二十八兩八錢，裁銀四兩八錢。

門子一名，工食銀七兩二錢，裁銀一兩二錢。

馬夫一名，工食銀七兩二錢，裁銀一兩二錢。

涿鹿驛驛丞書辦一名，工食銀七兩二錢，今裁。

皂隸二名，工食共銀一十四兩四錢，裁銀二

兩四錢。
館夫十名，工食共銀七十二兩，裁銀一十二兩。
儒學書辦一名，工食銀七兩二錢，今裁。
齋夫六名，工食共銀七十二兩，奉裁三名，裁銀三十六兩。
門斗五名，工食共銀三十六兩，奉裁二名，裁銀一十四兩四錢。
膳夫二名，工食共銀四十兩，裁銀二十六兩六錢六分有零。
喂馬草料共銀二十四兩，裁銀一十四兩，全裁。
察院看守門子六名，工食共銀三十六兩。
朝日壇壇户六名，工食共銀三十六兩。
神樂觀庫户二名，工食共銀一十二兩。
帝王廟廟户一名，工食銀六兩。
通州分司挑挖河夫銀六十兩。
慶豐閘閘夫一名，工食銀七兩二錢，全裁。
涿鹿驛馬匹草料并喂馬夫車夫工食等銀九千八百兩，除裁，實支銀二千六十八兩九錢六分。

損轎夫工食共銀一千六百兩。

接遞皂隸工食共銀四百兩，除裁，實支銀一百兩。

鋪兵六十一名，工食共銀三百六十六兩。

更夫五名，工食共銀二十四兩。

火夫十名，工食共銀四十八兩。

吹手十二名，工食共銀八十六兩四錢，裁銀一十四兩四錢。

鄉會試對讀、謄録、厨、皂等銀，共六十五兩四錢半，裁銀三十二兩柒錢。

房山縣

霸州道皂隸五名，工食共銀三十六兩，裁銀六兩。

本縣吏書十二名，工食共銀一百二十九兩六錢，今裁。

門子二名，工食共銀一十四兩四錢，裁銀二兩四錢。

皂隸十六名，工食共銀一百一十五兩二錢，裁銀拾九兩二錢，又裁皂隸四名，裁銀二十四兩。

馬快八名，工食共銀五十七兩六錢，裁銀九

兩六錢。

喂馬草料共銀八十六兩四錢。

民壯五十名，工食共銀三百六十兩，裁銀六十兩，又裁民壯十名，裁銀六十兩。

燈夫四名，工食共銀二十八兩八錢，裁銀四兩八錢。

禁卒八名，工食共銀五十七兩六錢，裁銀九兩六錢。

轎傘扇夫七名，工食共銀五十兩四錢，裁銀八兩四錢。

庫書一名，工食銀十二兩，今裁。

倉書一名，工食銀十二兩，今裁。

庫子四名，工食共銀二十八兩八錢，裁銀四兩八錢。

斗級四名，工食共銀二十八兩八錢，裁銀四兩八錢。

典史書辦一名，工食銀七兩二錢，今裁。

門子一名，工食銀七兩二錢，裁銀一兩二錢。

皂隸四名，工食共銀二十八兩八錢，裁銀四兩八錢。

馬夫一名，工食銀七兩二錢，裁銀一兩二錢。

儒學學書一名，工食銀七兩二錢，今裁。

門斗五名，工食共銀三十六兩，奉裁三名，裁銀二十一兩六錢。

齋夫六名，工食共銀七十二兩，奉裁三名，裁銀三十六兩。

膳夫二名，工食共銀四十兩，裁銀二十六兩六錢六分有零。

喂馬草料共銀二十四兩，裁銀一十二兩，全裁。

磁家務巡檢書辦一名，工食銀七兩二錢，今裁。

皂隸二名，工食共銀一十四兩四錢，裁銀二兩四錢。

弓兵八名，工食共銀五十七兩六錢，裁銀九兩六錢。

察院看守門子一名，工食銀六兩。

方澤壇壇户二名，工食共銀十二兩。

帝王廟廟户一名，工食銀六兩。

通州工部挑挖河夫銀二十五兩。

慶豐閘閘夫二名，工食共銀一十六兩。

走遞馬匹草料并馬夫工食，共銀二百兩，除裁，實支銀六十六兩六錢六分零。

擡轎夫工食，共銀三十三兩三錢三分零。

接遞皂隸四名，工食共銀二十四兩，除裁，實支銀一十六兩，全裁。

鋪兵十名，工食共銀六十兩。

更夫五名，工食共銀三十兩。

火夫十名，工食共銀六十兩。

吹手四名，工食共銀二十八兩八錢，裁銀四兩八錢。

鄉會場謄、厨、皂役等銀，共四十三兩半，裁銀二十一兩五錢，續裁銀二兩八錢肆厘肆毫。

會試對讀盤費銀，共一十八兩半，裁銀九兩，續裁銀六錢。

薊　州

本府儒學門斗一名，工食銀七兩二錢。

本州吏書十二名，工食共銀一百二十九兩六錢，今裁。

門子二名，工食共銀十四兩四錢，除裁，實支

銀十二兩。
皂隸十六名，工食共銀一百一十五兩二錢，除裁，實支銀九十六兩。
馬快八名，工食共銀五十七兩六錢，除裁，實支銀四十八兩。
喂馬草料共銀八十六兩四錢。
民壯五十名，工食共銀三百六十兩，除裁，實支銀叁百兩。
燈夫四名，工食共銀二十八兩八錢，除裁，實支銀二十四兩。

禁子八名，工食共銀五十七兩六錢，除裁，實支銀四十八兩。
轎傘扇夫七名，工食共銀五十兩四錢，除裁，實支銀四十二兩。
庫書一名，工食銀一十二兩，今裁。
倉書一名，工食銀一十二兩，今裁。
庫子四名，工食共銀二十八兩八錢，除裁，實支銀二十四兩。
斗級四名，工食共銀二十八兩八錢，除裁，實支銀二十四兩。

州判書辦一名，工食銀七兩二錢，全裁。

門子一名，工食銀七兩二錢，除裁，實支銀六兩，全裁。

皂隷六名，工食共銀四十三兩二錢，除裁，實支銀三十六兩，全裁。

馬傘夫二名，工食共銀一十四兩四錢，裁銀二兩四錢，全裁。

吏目書辦一名，工食銀七兩二錢，今裁。

門子一名，工食銀七兩二錢，除裁，實支銀六兩。

皂隷四名，工食共銀二十八兩八錢，除裁，實支銀二十四兩。

馬夫一名，工食銀七兩二錢，除裁，實支銀六兩。

儒學書辦一名，工食銀七兩二錢，今裁。

齋夫六名，工食共銀七十二兩，奉裁三名，裁銀三十六兩。

門斗五名，工食共銀三十六兩，奉裁二名，裁銀一十四兩四錢。

膳夫二名，工食共銀四十兩，裁銀二十六兩

六錢六分有零。

喂馬草料共銀二十四兩，裁銀一十二兩，全裁。

漁陽驛驛丞書辦一名，工食銀七兩二錢，今裁。

皂隸二名，工食共銀一十四兩四錢，裁銀二兩四錢。

館夫六名，工食共銀四十三兩二錢，裁銀七兩二錢。

察院看守門子二名，工食共銀一十二兩。

圜丘壇壇户一名，工食共銀一十二兩。

黄崖倉斗子二名，工食共銀一十四兩四錢，除裁，實支銀一十二兩。

馬蘭倉斗子二名，工食共銀一十四兩四錢，除裁，實支銀一十二兩。

通州分司挑挖河夫銀七十五兩。

通州閘閘夫一名，工食銀一十二兩。

普濟閘閘夫三名，工食共銀三十六兩。

走遞馬匹草料并馬夫、車夫工食等銀，共肆千二百六十五兩四錢，除裁，實支銀二千九百六

兩三錢肆分零。
損轎夫工食共銀一千兩，除裁，實支銀九百一十九兩。
接遞皂隸三十名，工食共銀一百八十兩，除裁，實支銀四十五兩。
鋪兵六十名，工食共銀三百六十兩。
更夫五名，工食共銀三十兩。
火夫十名，工食共銀六十兩。
吹手八名，工食共銀五十七兩六錢，除裁，實支銀四十八兩。

鄉會試對讀、謄録、厨役等銀，共一百五十三兩五錢半，裁銀七十六兩柒錢五分。

玉田縣

本府儒學門斗二名，工食共銀一十四兩四錢。
本縣吏書十二名，工食共銀一百二十九兩六錢，今裁。
門子二名，工食銀共一十四兩四錢，裁銀二兩四錢。
皂隸十六名，工食共銀一百一十五兩二錢，

裁銀一十九兩二錢。

馬快八名，工食共銀五十七兩六錢，裁銀九兩六錢。

喂馬草料共銀八十六兩四錢。

民壯五十名，工食共銀三百六十兩，裁銀六十兩。

燈夫四名，工食共銀二十八兩八錢，裁銀四兩八錢。

禁卒八名，工食共銀五十七兩六錢，裁銀九兩六錢。

轎傘夫七名，工食共銀五十兩四錢，裁銀八兩四錢。

庫書一名，工食銀一十二兩，今裁。

倉書一名，工食銀一十二兩，今裁。

庫子四名，工食共銀二十八兩八錢，裁銀四兩八錢。

斗級四名，工食共銀二十八兩八錢，裁銀四兩八錢。

典史書辦一名，工食銀七兩二錢，今裁。

門子一名，工食銀七兩二錢，裁銀一兩二錢。

皂隸四名，工食共銀二十八兩八錢，裁銀四兩八錢。

馬夫一名，工食銀七兩二錢，裁銀一兩二錢。

儒學書辦一名，工食銀七兩二錢，今裁。

齋夫六名，工食共銀七十二兩，奉裁三名，裁銀三十六兩。

門斗五名，工食共銀三十六兩，奉裁二名，裁銀一十四兩四錢。

膳夫二名，工食共銀一十三兩三錢三分零，喂馬草料銀一十二兩，全裁。

陽樊驛馬匹草料、車馬、擡轎等夫工食，共銀伍千二百兩，除裁，實支銀肆千二百七兩二錢肆分零。

館夫四名，工食共銀二十八兩八錢，裁銀四兩八錢。

察院看守門子二名，工食共銀一十二兩。

朝日壇壇户一名，工食銀一十二兩。

犧牲所牧役一名，工食銀一十二兩。

通州工部挑挖河夫銀六十二兩五錢。

新增河夫銀三十七兩五錢。

普濟閘閘夫二名，工食共銀二十四兩。

通州閘夫一名，工食銀一十二兩。

鋪兵二十九名，工食共銀一百七十四兩。

更夫五名，工食共銀二十四兩。

火夫十名，工食共銀四十八兩。

吹手六名，工食共銀四十三兩二錢，裁銀七兩二錢。

鄉試對讀盤費銀共四兩半，裁銀二兩。謄録工食銀共二十三兩半，裁銀一十一兩五錢。厨子工食銀共二兩半，裁銀一兩。

會試對讀謄録、厨、皂等銀，共二十一兩四錢六分半，裁銀一十兩柒錢三分。

平谷縣

本縣吏書十二名，工食共銀一百二十九兩六錢，今裁。

門子二名，工食共銀一十四兩四錢，裁銀二兩四錢。

皂隷十六名，工食共銀一百一十五兩二錢，裁銀一十九兩二錢。

馬快八名，工食共銀五十七兩六錢，裁銀九

兩六錢。

喂馬草料共銀八十六兩四錢。

民壯五十名，工食共銀三百六十兩，裁銀六十兩。

燈夫四名，工食共銀二十八兩八錢，裁銀四兩八錢。

監倉禁卒八名，工食共銀五十七兩六錢，裁銀九兩六錢。

轎傘扇夫七名，工食共銀五十兩四錢，裁銀八兩四錢。

庫書一名，工食銀一十二兩，今裁。

倉書一名，工食銀一十二兩，今裁。

庫子四名，工食共銀二十八兩八錢，裁銀四兩八錢。

斗級四名，工食共銀二十八兩八錢，裁銀四兩八錢。

典史書辦一名，工食銀七兩二錢，今裁。

門子一名，工食銀七兩二錢，裁銀一兩二錢。

皂隸四名，工食共銀二十八兩八錢，裁銀四兩八錢。

馬夫一名，工食銀七兩二錢。

儒學書辦一名，工食銀七兩二錢，今裁。

齋夫三名，工食共銀三十六兩。

門斗三名，工食共銀二十一兩四錢。

膳夫二名，工食共銀四十兩，裁銀二十六兩六錢六分陸厘。

喂馬草料銀一十二兩，全裁。

察院看守門子二名，工食共銀一十二兩。

夕月壇壇户一名，工食銀六兩。

通州工部挑挖河夫銀伍兩。

平津閘閘夫銀一十二兩。

走遞馬匹草料銀九百兩，除裁，實支銀二百六十兩。

損轎夫十六名，工食共銀六十四兩，除裁，實支銀三十二兩。

接遞皂隸六名，工食共銀三十六兩，全裁。

鋪兵拾一名，工食共銀六十六兩。

更夫八名，工食共銀四十八兩。

吹手四名，工食共銀二十八兩八錢，裁銀四兩八錢。

鄉會試、武場對讀、盤費等銀，共一十二兩四錢三分半，裁銀伍兩柒錢一分伍厘。

遵化州

薊州道門子二名，工食共銀一十四兩四錢，裁銀二兩四錢，今改解守道。

轎夫四名，工食共銀二十八兩八錢，裁銀四兩八錢，今改解守道。

傘扇夫二名，工食共銀一十四兩四錢，裁銀二兩四錢，今改解守道。

聽事吏二名，工食共銀一十四兩四錢，裁銀二兩四錢，今改解守道。

鋪兵五名，工食共銀三十六兩，裁銀六兩，今改解守道。

本府儒學門斗一名，工食銀七兩二錢。

本州吏書十二名，工食共銀一百二十九兩六錢，今裁。

門子二名，工食共銀一十四兩四錢，裁銀二兩四錢。

皂隸十六名，工食共銀一百拾伍兩二錢，裁銀拾九兩二錢。

馬快八名，工食共銀五十七兩六錢，裁銀九兩六錢。

喂馬草料共銀八十六兩四錢。

民壯五十名，工食共銀三百六十兩，裁銀六十兩。

燈夫四名，工食共銀二十八兩八錢，裁銀四兩八錢。

禁卒八名，工食共銀五十七兩六錢，裁銀九兩六錢。

轎傘扇夫七名，工食共銀五十兩四錢，裁銀四兩八錢。

庫書一名，工食銀一十二兩，今裁。

倉書一名，工食銀一十二兩，今裁。

庫子四名，工食共銀二十八兩八錢，裁銀四兩八錢。

斗級四名，工食共銀二十八兩八錢，裁銀四兩八錢。

州判書辦一名，工食銀七兩二錢，今裁。

門子一名，工食銀七兩二錢，裁銀一兩二錢。

皂隸六名，工食共銀四十三兩二錢，裁銀七

兩二錢。

馬傘夫二名，工食共銀一十四兩四錢，裁銀二兩四錢。

吏目書辦一名，工食銀七兩二錢，今裁。

門子一名，工食銀七兩二錢，裁銀一兩二錢。

皂隸四名，工食共銀二十八兩八錢，裁銀四兩八錢。

馬夫一名，工食銀七兩二錢，裁銀一兩二錢。

儒學書辦一名，工食銀七兩二錢，今裁。

齋夫六名，工食共銀七十二兩，裁銀三十六兩。

門斗五名，工食共銀三十六兩，裁銀十四兩四錢。

膳夫二名，工食共銀四十兩，裁銀二十六兩六錢六分有零。

喂馬草料共銀二十四兩，裁銀一十二兩，全裁。

石門驛驛丞書辦一名，工食銀七兩二錢，今裁。

皂隸二名，工食共銀一十四兩四錢，裁銀二

兩四錢。
館夫四名，工食共銀二十八兩八錢，裁銀四兩八錢。
喜峰倉大使書辦一名，工食銀七兩二錢，今裁。
皂隸二名，工食共銀一十四兩四錢，裁銀二兩四錢。
斗級四名，工食共銀二十四兩。
察院看守門子二名，工食共銀一十二兩。
圜丘壇壇户一名，工食銀六兩。

朝日壇壇户二名，工食共銀一十二兩。
帝王廟廟户一名，工食銀六兩。
通州工部挑挖河夫銀六十兩五錢。
新增河夫銀三十七兩五錢。
通流閘閘夫工食銀三十六兩。
遵石兩驛馬匹草料、馬夫工食，共銀伍千兩，除裁，實支銀肆千伍百二十四兩六錢七分零。
遵石兩驛損轎夫并接遞皂隸等工食銀一千兩，除裁，實支銀八百九兩二錢。
鋪兵四十五名，工食共銀二百七十兩。

更夫五名，工食共銀二十四兩。

火夫十名，工食共銀四十八兩。

吹手六名，工食共銀四十三兩二錢，裁銀七兩二錢。

鄉試對讀、謄録、厨、皂等銀，共六十兩半，裁銀三十兩。

會試對讀、謄録、厨、皂等銀，共五十一兩三錢半，裁銀二十五兩六錢五分。

豐潤縣

薊州道快手十二名，工食共銀八十六兩四錢，裁銀一十四兩四錢，今改解守道。

皂隸十二名，工食共銀八十六兩四錢，裁銀一十四兩四錢，今改解守道。

本府儒學門斗一名，工食銀七兩二錢。

本縣吏書十二名，工食共銀一百二十九兩六錢，今裁。

門子二名，工食共銀一十四兩四錢，裁銀二兩四錢。

皂隸十六名，工食共銀一百一十五兩二錢，裁銀拾九兩二錢。

馬快八名，工食共銀五十七兩六錢，裁銀九兩六錢。

喂馬草料共銀八十六兩四錢。

民壯五十名，工食共銀三百六十兩，裁銀六十兩。

燈夫四名，工食共銀二十八兩八錢，裁銀四兩八錢。

禁卒八名，工食共銀五十七兩六錢，裁銀九兩六錢。

轎傘扇夫七名，工食共銀五十兩四錢，裁銀八兩四錢。

庫書一名，工食銀一十二兩，今裁。

倉書一名，工食銀一十二兩，今裁。

庫子四名，工食共銀二十八兩八錢，裁銀四兩八錢。

斗級四名，工食共銀二十八兩八錢，裁銀四兩八錢。

典史書辦一名，工食銀七兩二錢，今裁。

門子一名，工食銀七兩二錢，裁銀一兩二錢。

皂隸四名，工食共銀二十八兩八錢，裁銀四

兩八錢。

馬夫一名，工食銀七兩二錢，裁銀一兩二錢。

儒學書辦一名，工食銀七兩二錢，今裁。

齋夫六名，工食共銀七十二兩，奉裁三名，裁銀三十六兩。

門斗五名，工食共銀三十六兩，奉裁二名，裁銀一十四兩四錢。

膳夫二名，工食共銀四十兩，裁銀二十六兩六錢六分有零。

喂馬草料共銀二十四兩，裁銀一十二兩，今裁。

義豐驛驛丞書辦一名，工食銀七兩二錢，今裁。

皂隸二名，工食共銀一十四兩四錢，裁銀二兩四錢，今裁。

館夫六名，工食共銀四十三兩二錢，裁銀七兩二錢。

察院看守門子二名，工食共銀一十二兩。

圜丘壇壇户一名，工食銀六兩。

夕月壇壇户二名，工食共銀一十二兩。

帝王廟廟户一名，工食銀六兩。

通州工部挑挖河夫銀六十三兩五錢。

新增河夫銀三十七兩五錢。

平津閘閘夫四名，工食共銀四十八兩。

還鄉河缸户二名，工食共銀一十二兩，裁銀六兩。

驛遞工料并馬夫、車夫工食等銀伍千八百五十兩，除裁，實支銀肆千六百三十五兩二錢八分零。

鋪兵二十名，工食共銀一百二十兩。

更夫五名，工食共銀三十兩。

火夫十名，工食共銀六十兩。

吹手八名，工食共銀五十七兩六錢，裁銀玖兩六錢。

鄉試謄録等銀共二十三兩半，裁銀一十一兩五錢。

昌平州

昌密道快手十二名，工食共銀八十六兩四錢，裁銀十四兩四錢。

門子四名，工食共銀二十八兩八錢，裁銀四

兩八錢。
本州吏書十二名，工食共銀一百二十九兩六錢，今裁。
門子二名，工食共銀一十四兩四錢，裁銀二兩四錢。
皂隸十六名，工食共銀一百一十五兩二錢，裁銀一十九兩二錢。
馬快八名，工食共銀五十七兩六錢，裁銀九兩六錢。
喂馬草料共銀八十六兩四錢。

民壯五十名，工食共銀三百六十兩，裁銀六十兩。
燈夫四名，工食共銀二十八兩八錢，裁銀四兩八錢。
禁子八名，工食共銀五十七兩六錢，裁銀九兩六錢。
轎傘扇夫七名，工食共銀五十兩四錢，裁銀八兩四錢。
庫書一名，工食銀一十二兩，今裁。
倉書一名，工食銀一十二兩，今裁。

膳夫二名，工食共銀四十兩，裁銀二十六兩六錢六分六厘零。

喂馬草料共銀二十四兩，裁銀一十二兩，全裁。

榆河驛驛丞書辦一名，工食銀七兩二錢，全裁。

皂隸二名，工食共銀一十四兩四錢，除裁，實支銀一十二兩，全裁。

館夫四名，工食共銀二十八兩八錢，裁銀四兩八錢。

察院看守門子二名，工食共銀一十二兩。

方澤壇壇户一名，工食銀六兩。

帝王廟廟户一名，工食銀六兩。

普濟閘閘夫三名，工食共銀三十六兩。

走遞馬匹草料并馬夫、車夫工食，共銀二千六百兩。

擡轎夫即係甲夫工食，例在餉庫支領。

接遞皂隸工食銀一百兩。

鋪兵三十四名，工食共銀二百四兩。

更夫五名，工食共銀二十四兩。

火夫十名，工食共銀四十八兩。

吹手六名，工食共銀四十三兩二錢，除裁，實

庫子四名，工食共銀二十八兩八錢，裁銀四兩八錢。

斗級四名，工食共銀二十八兩八錢，裁銀四兩八錢。

州判書辦一名，工食銀七兩二錢，今裁。

皂隸六名，工食共銀四十三兩二錢，裁銀七兩二錢。

門子一名，工食銀七兩二錢，裁銀一兩二錢。

馬傘夫二名，工食共銀十四兩四錢，裁銀二兩四錢。

吏目書辦一名，工食銀七兩二錢，今裁。

皂隸四名，工食共銀二十八兩八錢，裁銀四兩八錢。

門子一名，工食銀七兩二錢，裁銀一兩二錢。

馬夫一名，工食銀七兩二錢，裁銀一兩二錢。

儒學書辦一名，工食銀七兩二錢，今裁。

齋夫六名，工食共銀七十二兩，奉裁三名，裁銀三十六兩。

門斗五名，工食共銀三十六兩，奉裁二名，裁銀一十四兩四錢。

支銀三十六兩。

鄉試對讀盤費銀一兩半，裁銀五錢。

會試對讀盤費銀共九兩半，裁銀四兩五錢。

順義縣

本縣吏書十二名，工食共銀一百二十九兩六錢，今裁。

門子二名，工食共銀一十四兩四錢，裁銀二兩四錢。

皂隸十六名，工食共銀一百一十五兩二錢，裁銀一十九兩二錢。

馬快八名，工食共銀五十七兩六錢，裁銀九兩六錢。

喂馬草料共銀八十六兩四錢。

民壯五十名，工食共銀三百六十兩，裁銀六十兩。

燈夫四名，工食共銀一十八兩八錢，裁銀四兩八錢。

禁卒八名，工食共銀五十七兩六錢，裁銀九兩六錢。

轎傘扇夫七名，工食共銀五十兩四錢，裁銀

八兩四錢。

庫書一名，工食銀一十二兩，今裁。

倉書一名，工食銀一十二兩，今裁。

庫子四名，工食共銀二十八兩八錢，裁銀四兩八錢。

斗級四名，工食共銀二十八兩八錢，裁銀四兩八錢。

典史書辦一名，工食銀七兩二錢，今裁。

皁隸四名，工食共銀二十八兩八錢，裁銀四兩八錢。

門子一名，工食銀七兩二錢，裁銀一兩二錢。

馬夫一名，工食銀七兩二錢，裁銀一兩二錢。

儒學書辦一名，工食銀七兩二錢，今裁。

齋夫六名，工食共銀七十二兩，奉裁三名，裁銀三十六兩。

門斗三名，工食共銀二十一兩六錢。

膳夫二名，工食共銀四十兩，裁銀二十六兩六錢六分零。

喂馬草料銀一十二兩，全裁。

順義驛驛丞書辦一名，工食銀七兩二錢，全

裁。

皂隸二名，工食共銀一十四兩四錢，除裁，實支銀一十二兩，全裁。

館夫四名，工食共銀二十八兩八錢，裁銀四兩八錢。

察院看守門子二名，工食共銀一十二兩。

圜丘壇壇户七名，工食共銀四十二兩。

方澤壇壇户一名，工食銀六兩。

神樂觀觀夫二名，工食共銀一十二兩。

帝王廟廟户一名，工食銀六兩。

通州工部挑挖河夫銀五十二兩五錢。

通濟閘閘夫二名，工食共銀二十四兩。

牛欄山水手三名，工食共銀一十八兩，裁銀九兩。

走遞馬匹草料并喂馬夫等銀二千伍百兩，除裁，實支銀柒百九十八兩四錢八分二厘伍毫。

損轎夫工食共銀四百兩，除裁，實支銀二百七十八兩八錢二厘。

接遞皂隸十六名，工食共銀九十六兩，除裁，實支銀二十四兩。

鋪兵二十四名，工食共銀一百四十四兩。

更夫五名，工食共銀三十兩。

火夫十名，工食共銀六十兩。

吹手六名，工食共銀四十三兩二錢，裁銀七兩二錢。

鄉、會場對讀、謄録等銀，共二十八兩半，裁銀一十四兩。

鄉、會場厨子工食銀三兩半，裁銀一兩五錢。

密雲縣

本縣吏書十二名，工食共銀一百二十九兩六錢，今裁。

門子二名，工食共銀一十四兩，裁銀二兩四錢。

皂隸十六名，工食共銀一百一十五兩二錢，裁銀一十九兩二錢。

馬快八名，工食共銀五十七兩六錢，裁銀九兩六錢。

喂馬草料共銀八十六兩四錢。

民壯五十名，工食共銀三百六十兩，裁銀六十兩，又裁役二十名，裁銀一百二十兩。

燈夫四名，工食共銀二十八兩，裁銀四兩八錢。

禁子八名，工食共銀五十七兩六錢，裁銀九兩六錢。

轎傘扇夫七名，工食共銀五十兩四錢，裁銀八兩四錢。

庫書一名，工食銀一十二兩，今裁。

倉書一名，工食銀一十二兩，今裁。

庫子四名，工食共銀二十八兩八錢，裁銀四兩八錢。

斗級四名，工食共銀二十八兩八錢，裁銀四兩八錢。

縣丞書辦一名，工食銀七兩二錢，全裁。

門子一名，工食銀七兩二錢，全裁。

皂隸四名，工食共銀二十八兩八錢，全裁。

馬夫一名，工食銀七兩二錢，全裁。

典史書辦一名，工食銀七兩二錢，今裁。

門子一名，工食銀七兩二錢，裁銀一兩二錢。

皂隸四名，工食共銀二十八兩八錢，裁銀四兩八錢。

馬夫一名，工食銀七兩二錢，裁銀一兩二錢。

密雲驛驛丞書辦一名，工食銀七兩二錢，今裁。

皂隸二名，工食共銀一十四兩四錢，裁銀二兩四錢。

館夫四名，工食共銀二十八兩八錢，裁銀四兩八錢。

儒學書辦一名，工食銀七兩二錢，今裁。

齋夫六名，工食共銀七十二兩，奉裁三名，裁銀三十六兩。

門斗五名，工食共銀三十六兩，奉裁二名，裁

銀一十四兩四錢。

膳夫二名，工食共銀四十兩，裁銀二十六兩六錢六分零。

喂馬草料銀二十四兩，裁銀一十二兩，全裁。

密雲後衛儒學膳夫銀二十四兩，今裁。

察院看守門子二名，工食共銀一十二兩。

朝日壇壇户一名，工食銀六兩。

帝王廟廟户一名，工食銀六兩。

通州工部挑挖河夫銀三十五兩。

普濟閘閘夫銀四十八兩。

代興營二衛解通州河夫銀一十五兩。

驛遞工料銀三千兩，除裁，實支銀一千伍百七十四兩九錢八分八厘。

損轎夫一十八名，工食共銀三百八十兩，除裁，實支銀二百三十三兩八錢肆分伍厘。

接遞皂隸二十名，工食共銀一百二十兩，除裁，實支銀一十八兩四錢六分零。

鋪兵拾九名，工食共銀一百一十四兩。

召募水手四名，工食共銀一十九兩二錢，裁銀九兩六錢。

更夫五名，工食共銀三十兩。

火夫十名，工食共銀六十兩。

吹手六名，工食共銀四十三兩二錢，裁銀七兩二錢。

鄉、會試、武場對讀、謄録、厨、皂等銀，共六十八兩半，裁銀三十四兩。

懷柔縣

霸昌道皂隸十二名，工食共銀八十六兩四錢，裁銀一十四兩四錢。

轎傘扇夫七名，工食共銀五十兩四錢，裁銀八兩四錢。

聽事吏二名，工食共銀一十四兩四錢，裁銀二兩四錢。

鋪兵二名，工食共銀一十四兩四錢，裁銀二兩四錢。

本縣吏書十二名，工食共銀一百二十九兩六錢，今裁。

門子二名，工食共銀一十四兩四錢，裁銀二兩四錢。

皂隸十六名，工食共銀一百一十五兩二錢，裁銀一十六兩。

馬快八名，工食共銀一百四十四兩，裁銀九兩六錢。

喂馬草料共銀八十六兩四錢。

民壯五十名，工食共銀三百六十兩，裁銀二十四兩。

燈夫四名，工食共銀二十八兩八錢，裁銀四兩八錢。

禁卒八名，工食共銀五十七兩六錢，裁銀九

兩六錢。
轎傘扇夫七名，工食共銀五十兩四錢，裁銀
八兩四錢。
庫書一名，工食銀一十二兩，今裁。
倉書一名，工食銀一十二兩，今裁。
庫子四名，工食共銀二十八兩八錢，裁銀四
兩八錢。
斗級四名，工食共銀二十八兩八錢，裁銀四
兩八錢。
典史書辦一名，工食銀七兩二錢，今裁。

門子一名，工食銀七兩二錢，裁銀一兩二錢。
皂隸四名，工食共銀二十兩八錢，裁銀四兩
八錢。
馬夫一名，工食銀七兩二錢，裁銀一兩二錢。
儒學書辦一名，工食銀七兩二錢，今裁。
齋夫三名，工食共銀三十六兩。
門斗三名，工食共銀二十一兩六錢。
膳夫二名，工食共銀四十兩，裁銀二十六兩
六錢。
喂馬草料銀一十二兩，全裁。

察院看守門子二名，工食共銀一十二兩。
圜丘壇壇户二名，工食共銀一十二兩。
方澤壇壇户二名，工食共銀一十二兩。
帝王廟廟户一名，工食銀六兩。
通州工部挑挖河夫銀一十二兩。
平流閘閘夫銀二十四兩。
走遞馬匹草料并喂馬夫、車夫工食，共銀伍百兩，除裁，實支銀三百三十三兩三錢三分三厘零。
擡轎夫工食共銀二百四十兩，除裁，實支銀一百六十兩。

接遞皂隸十名，工食共銀六十兩，除裁，實支銀四十兩。
鋪兵拾五名，工食共銀九十兩。
更夫五名，工食共銀三十兩。
火夫十名，工食共銀六十兩。
吹手四名，工食工銀二十四兩。
鄉試對讀、謄録等銀共一兩二錢半，裁銀六錢。
會試對讀、謄録等銀共七兩二錢半，裁銀三

兩六錢。

霸州

本州吏書十二名，工食共銀一百二十九兩六錢，今裁。

門子二名，工食共銀一十四兩四錢，裁銀二兩四錢。

皂隸十六名，工食共銀一百一十五兩二錢，裁銀一十九兩二錢。

馬快手八名，工食共銀五十七兩六錢，裁銀九兩六錢。

喂馬草料共銀八十六兩四錢。

民壯五十名，工食共銀三百六十兩，裁銀六十兩。

燈夫四名，工食共銀二十八兩八錢，裁銀四兩八錢。

禁卒八名，工食共銀五十七兩六錢，裁銀九兩六錢。

轎傘扇夫七名，工食共銀五十兩四錢，裁銀八兩四錢。

庫書一名，工食銀一十二兩，今裁。

倉書一名，工食銀一十二兩，今裁。

庫子四名，工食共銀二十八兩八錢，裁銀四兩八錢。

斗級四名，工食共銀二十八兩八錢，裁銀四兩八錢。

州判書辦一名，工食銀七兩二錢，今裁。

皂隸六名，工食共銀四十三兩二錢，裁銀七兩二錢。

門子一名，工食銀七兩二錢，裁銀一兩二錢。

馬傘夫二名，工食共銀一十四兩四錢，裁銀二兩四錢。

吏目書辦一名，工食銀七兩二錢，今裁。

皂隸四名，工食共銀二十八兩八錢，裁銀四兩八錢。

門子一名，工食銀七兩二錢，裁銀一兩二錢。

馬夫一名，工食銀七兩二錢，裁銀一兩二錢。

儒學書辦一名，工食銀七兩二錢，今裁。

齋夫六名，工食共銀七十二兩，奉裁三名，裁銀三十六兩。

門斗五名，工食共銀三十六兩，奉裁二名，裁

銀一十四兩四錢。

膳夫二名，工食共銀四十兩，除裁，實支銀一十三兩三錢三分零。

喂馬草料共銀二十四兩，裁銀一十二兩，全裁。

察院看守門子二名，工食共銀一十二兩。

夕月壇壇户一名，工食銀六兩。

神樂觀觀夫一名，工食銀六兩。

帝王廟廟户一名，工食銀六兩。

通州工部挑挖河夫銀一百三十兩五錢。

慶豐閘閘夫六名，工食共銀七十二兩。

長屯淺夫三名，工食共銀二十一兩六錢。

走遞馬匹草料并喂馬夫、車夫工食，共銀三千兩，除裁，實支銀一千四十兩五錢一分肆厘。

損轎夫工食共銀一百四十兩，除裁，實支銀五十六兩二錢七分零。

接遞皂隸十名，工食共銀六十兩，除裁，實支銀四十八兩，全裁。

鋪兵十二名，工食共銀七十二兩。

更夫五名，工食共銀二十四兩。

火夫十名，工食共銀四十八兩。

吹手六名，工食共銀四十三兩二錢，裁銀七兩二錢。

鄉、會場對讀、謄録、厨、皂等銀，共七十四兩壹錢半，裁銀三十七兩五分。

文安縣

本縣吏書十二名，工食共銀一百二十九兩六錢，今裁。

門子二名，工食共銀十四兩四錢，裁銀二兩四錢。

皂隸十六名，工食共銀一百一十五兩二錢，裁銀拾九兩二錢，裁皂隸二名，裁銀十二兩。

馬快八名，工食共銀五十七兩六錢，裁銀九兩六錢。

喂馬草料共銀八十六兩四錢。

民壯五十名，工食共銀三百六十兩，裁銀六十兩，裁民壯四名，裁銀二十四兩。

燈夫四名，工食共銀二十八兩八錢，裁銀四兩八錢。

禁卒八名，工食共銀五十七兩六錢，裁銀九

兩六錢。

轎傘扇夫七名，工食共銀五十兩四錢，裁銀八兩四錢。

庫書一名，工食銀一十二兩，今裁。

倉書一名，工食銀一十二兩，今裁。

庫子四名，工食共銀二十八兩八錢，裁銀四兩八錢。

斗級四名，工食共銀二十八兩八錢，裁銀四兩八錢。

典史書辦一名，工食銀七兩二錢，今裁。

門子一名，工食銀七兩二錢，裁銀一兩二錢。

皂隸四名，工食共銀二十八兩八錢，裁銀四兩八錢。

馬夫一名，工食銀七兩二錢，裁銀一兩二錢。

教諭書辦一名，工食銀七兩二錢，今裁。

齋夫六名，工食共銀七十二兩，奉裁三名，裁銀三十六兩。

門門五名，工食共銀三十六兩，奉裁二名，裁銀一十四兩四錢。

膳夫二名，工食共銀四十兩，裁銀二十六兩

六錢六分有零。

喂馬草料共銀二十四兩，裁銀一十二兩，全裁。

察院看守門子二名，工食共銀一十二兩。

夕月壇壇户四名，工食共銀二十四兩。

帝王廟廟户一名，工食銀六兩。

通州閘閘夫一名，工食銀一十二兩。

普濟閘閘夫四名，工食共銀四十八兩。

廣源閘閘夫一名，工食銀一十二兩，全裁。

挑挖新河海口夫價銀七十二兩。

走遞馬匹草料并喂馬夫、車夫工食，共銀二千六百兩，除裁，實支銀九百九十七兩四錢一分零。

擡轎夫工食共銀一百兩，除裁，實支銀四十六兩三錢七分零。

接遞皂隸十名，工食共銀六十兩，除裁，實支銀五十五兩六錢五分二厘零，全裁。

鋪兵九名，工食共銀五十四兩。

更夫五名，工食共銀二十四兩。

火夫十名，工食共銀四十八兩。

吹手六名，工食共銀四十三兩二錢，裁銀七兩二錢。

鄉、會試對讀、謄録、厨、皂并鄉場供費，共銀八十五兩半，裁銀四十二兩五錢。

大城縣

霸州道門子四名，工食共銀二十八兩八錢，除裁，實支銀二十四兩，今改解巡道。

本縣吏書十二名，工食共銀一百二十九兩六錢，今裁。

門子二名，工食共銀一十四兩四錢，除裁，實支銀一十二兩。

皂隸十六名，工食共銀一百一十五兩二錢，裁銀拾九兩二錢，又裁皂隸二名，裁銀一十二兩，實支銀八十四兩。

馬快八名，工食共銀五十七兩六錢，裁銀九兩六錢。

喂馬草料共銀八十六兩四錢。

民壯五十名，工食共銀三百六十兩，除裁，實支銀二百四十兩。

燈夫四名，工食共銀二十八兩八錢，除裁，實

支銀二十四兩。

禁子八名，工食共銀五十七兩六錢，除裁，實

支銀四十八兩。

轎傘扇夫七名，工食共銀五十兩四錢，除裁，

實支銀四十二兩。

庫書一名，工食銀一十二兩，今裁。

倉書一名，工食銀一十二兩，今裁。

庫子四名，工食共銀二十八兩八錢，除裁，實

支銀二十四兩。

斗級四名，工食共銀二十八兩八錢，除裁，實

支銀二十四兩。

典史書辦一名，工食銀七兩二錢，今裁。

門子一名，工食銀七兩二錢，裁銀一兩二錢。

皂隸四名，工食共銀二十八兩八錢，裁銀四

兩八錢。

馬夫一名，工食銀七兩二錢，裁銀一兩二錢。

儒學書辦一名，工食銀七兩二錢，今裁。

齋夫六名，工食共銀七十二兩，奉裁三名，裁

銀三十六兩。

門斗五名，工食共銀三十六兩，奉裁二名，裁

銀一十四兩四錢。
膳夫二名，工食共銀四十兩，裁銀二十六兩六錢六分六厘柒毫。
喂馬草料共銀二十四兩，裁銀一十二兩，全裁。
察院看守門子二名，工食共銀一十二兩。
夕月壇壇户四名，工食共銀二十四兩。
帝王廟廟户一名，工食銀六兩。
通州工部挑挖河夫銀五十二兩五錢。
通州閘夫四名，工食共銀四十八兩。
霸州長屯淺夫三名，工食共銀二十八兩八錢。
走遞馬匹草料并馬夫工食，共銀二千四百兩，除裁僻，實支銀九百三十七兩五錢三分零。
損轎夫十名，工食共銀一百兩，除裁僻，實支銀四十六兩七分零。
接遞皂隸八名，工食共銀六十兩，除裁僻，實支銀四十四兩二錢三分零，全裁。
鋪兵十名，工食共銀六十兩。
更夫五名，工食共銀三十兩。

火夫十名，工食共銀六十兩。
吹手六名，工食共銀四十三兩二錢，除裁，實支銀三十六兩。
鄉會試對讀生員盤費銀一十四兩半，裁銀七兩。
鄉、會試謄録并編號造册書手工食，共銀三十二兩半，裁銀一十六兩。

保定縣

霸州道鋪兵二名，工食共銀一十四兩四錢，裁銀二兩四錢。

本縣吏書十二名，工食共銀一百二十九兩六錢，今裁。
門子二名，工食共銀一十四兩，裁銀二兩四錢。
皂隸十六名，工食共銀一百七十五兩二錢，裁銀拾九兩二錢。
馬快八名，工食共銀五十七兩六錢，裁銀九兩六錢。
喂馬草料共銀八十六兩四錢。
民壯五十名，工食共銀三百六十兩，裁銀六

十兩，又裁役十名，裁銀六十兩。

燈夫四名，工食共銀二十八兩八錢，裁銀四兩八錢。

禁子八名，工食共銀五十七兩六錢，裁銀九兩六錢。

轎傘扇夫七名，工食共銀五十兩四錢，裁銀八兩四錢。

庫書一名，工食銀一十二兩，今裁。

倉書一名，工食銀一十二兩，今裁。

庫子四名，工食共銀二十八兩八錢，裁銀四兩八錢。

斗級四名，工食共銀二十八兩八錢，裁銀四兩八錢。

典史書辦一名，工食銀七兩二錢，今裁。

門子一名，工食銀七兩二錢，裁銀一兩二錢。

皂隸四名，工食共銀二十八兩八錢，裁銀四兩八錢。

儒學書辦一名，工食銀七兩二錢，今裁。

齋夫三名，工食銀三十六兩。

門斗二名，工食共銀一十四兩四錢。

膳夫二名，工食共銀四十兩，裁銀二十六兩六錢。

喂馬草料銀一十二兩，全裁。

察院看守門子一名，工食銀六兩。

通州工部挑挖河夫銀三十三兩。

通州閘夫一名，工食銀一十二兩。

走遞馬匹草料并馬夫、車夫工食，共銀一百三十兩，除裁，實支銀四十三兩三錢三分零。

擡轎夫工食，共銀四十六兩，除裁，實支銀一十五兩三錢三分零。

接遞皂隸四名，工食共銀二十四兩，裁銀八兩，全裁。

鋪兵六名，工食共銀三十六兩。

更夫五名，工食共銀三十兩。

火夫十名，工食共銀六十兩。

吹手四名，工食共銀二十八兩八錢，裁銀四兩八錢。

鄉、會場對讀、謄録共銀二十八兩九錢半，裁銀一十四兩四錢五分。

